Noorah Mohammed

Imunizar os jovens contra a ideologia extremista: Uma necessidade propositada

Noorah Mohammed

Imunizar os jovens contra a ideologia extremista: Uma necessidade propositada

ScienciaScripts

Cover image: www.ingimage.com

This book is a translation from the original published under ISBN 978-620-2-05815-5.

Publisher:
Sciencia Scripts
is a trademark of
Dodo Books Indian Ocean Ltd. and OmniScriptum S.R.L publishing group

120 High Road, East Finchley, London, N2 9ED, United Kingdom
Str. Armeneasca 28/1, office 1, Chisinau MD-2012, Republic of Moldova, Europe
Printed at: see last page
ISBN: 978-620-7-85579-7

Conteúdo

Introdução

A juventude é considerada uma das questões mais sérias e importantes que a comunidade árabe enfrenta atualmente. Como a fase da juventude está cheia de vitalidade, atividade e ambição, é responsável pela construção e desenvolvimento do país. Se o pensamento da juventude for correto e adequado, toda a nação se tornará correcta e adequada; e terá realizações em todos os campos. E se o pensamento da juventude for mau e corrupto, essa corrupção afectará toda a nação e levará à destruição da alma, das gerações e do dinheiro.

Pensadores de grupos extremistas exploraram esta ideia e incutiram conceitos errados na mente de alguns dos nossos jovens; chamaram-lhes "Jihad" à matança e à destruição e "martírio" ao suicídio. Isto deve-se à ignorância da religião e dos destinos da sharia, e ao facto de julgarem os seus significados com base na dúvida e na adivinhação sem certezas. Estas comunidades são consideradas como locais adequados para a propagação da depravação ideológica.

O terrorismo extremista é considerado um fenómeno desconhecido para a nossa comunidade islâmica; é diferente do método da Sharia islâmica porque leva à morte de almas inocentes, destrói o ambiente, aterroriza as pessoas seguras, desestabiliza a segurança e a estabilidade, ameaça a segurança do país e perturba as pessoas. Como a segurança é um dos elementos mais importantes da vida humana, Alá diz: "Adorem o Senhor desta casa, que os alimentou (salvando-os) da fome e os pôs a salvo (salvando-os) do medo" (Quraish, 3). O Profeta Mohamed (que a paz e a misericórdia estejam com ele) disse: "aquele que está seguro entre o seu povo e tem uma boa saúde e a comida do seu dia, torna-se como o dono do mundo". Assim, só podemos tratar a doença diagnosticando-a cuidadosamente para identificar o remédio. Assim, a importância de participar neste confronto e tratamento foi percebida através da clarificação do pensamento extremista numa perspetiva intencional e da apresentação das razões e motivos do pensamento extremista, apresentando depois os meios eficazes para imunizar os jovens do pensamento ou ideologia extremista num estudo científico intitulado "imunizar os jovens contra a ideologia extremista é uma necessidade intencional".

Importância do estudo

A importância deste estudo reflecte-se em algumas considerações científicas e práticas, no que diz respeito à vertente científica:

Em primeiro lugar, a concentração em determinadas categorias da juventude que se desviaram do caminho correto.

Em segundo lugar: discutir e analisar as principais razões e motivos do pensamento extremista.

Em terceiro lugar: utilizar as ciências sociais e sociais para compreender as questões contemporâneas da juventude.

No que diz respeito à vertente prática, este estudo tenta apresentar um currículo prático para os decisores e os criadores de políticas para enfrentar os problemas do extremismo ideológico dos jovens, sugerindo soluções adequadas e apresentando explicações alternativas que dependem da compreensão intencional da realidade contemporânea.

Objectivos do estudo

Esta investigação visa atingir os seguintes objectivos:

1- Indicando o pensamento extremista de uma perspetiva intencional.
2- Reconhecer as razões e os motivos do pensamento extremista.
3- Identificar ajudas eficazes para imunizar os jovens contra o pensamento extremista.

O problema do estudo

A presente investigação procura responder às seguintes questões principais:

1- Como se pode compreender o pensamento extremista numa perspetiva intencional?
2- Quais são as razões e os motivos do pensamento extremista?
3- Quais são as formas eficazes de imunizar os jovens contra o pensamento extremista?

Conceitos básicos do estudo

1- Imunização

Em termos linguísticos, imunização significa fortificação. Diz-se que o lugar está fortificado, ou seja, o dono do lugar fortificou-o e reforçou-o. Diz-se que o escudo é imune, o que significa que é estanque. Assim, imunização é proteção e prevenção[1]. A origem do significado linguístico de imunização inclui a prevenção, embora não seja o significado pretendido neste contexto; não significa impedir que os jovens interajam com as mudanças do tempo presente ou com todas as coisas novas e úteis. Significa preparar os jovens e orientar os seus pensamentos de uma forma positiva, de modo a que possam acompanhar todas as coisas novas e úteis, protegendo-os do desvio e do extremismo ideológico. Imunização significa idiomaticamente: um conjunto de procedimentos que são preparados para que os jovens reforcem a sua estabilidade face às correntes actuais que têm grandes efeitos negativos nos seus valores e princípios islâmicos.[2]

2- Juventude

Linguisticamente, juventude ou homens jovens é o plural de jovem e o oposto de velhice. A juventude de qualquer coisa significa o seu início; quando se diz que "conheci alguém na juventude do dia", isso significa no início do dia. O significado da palavra juventude é crescer e tornar-se um homem jovem, ou seja, atingir a idade adulta e não a masculinidade[3]. Em termos idiomáticos, existem muitas definições de juventude, uma das quais é: "características físicas e psicológicas de um determinado período da vida; significa força, atividade, movimento e entusiasmo"[4].

3- Pensamento extremista

O fenómeno do terrorismo e do extremismo é complexo. Há uma diferença entre três conceitos: (terrorismo ideológico), (actos terroristas) e (pensamento terrorista). Existe uma confusão entre estes conceitos; esta confusão afecta o diagnóstico, a descrição do tratamento, o tipo e o método, pelo que estes conceitos devem ser clarificados.

O terrorismo ideológico é: O estado de imposição do pensamento terrorista, quer por

---

[1] Ver: Ibrahim Moustafa et al., The Mediatory Glossary, Istanbul Second Edition Al-Da'wah Publishing House, 1989, p. 180. O Dicionário Conciso: Complexo da Língua Árabe, Nova Edição, Complexo da Língua Árabe, Cairo 2001, p.56.

[2] Relatório: Dr. Khaled Samadi no Simpósio Internacional sobre Valores Islâmicos e os Currículos da Educação Islâmica, Reino de Marrocos, 2005.

[3] Glossário Mediatório, c. p. 470.

[4] Sociologia dos jovens marroquinos: Abdel Rahim Al-Otri, primeira edição, Tubas publishing house Press, Ribat 2004, p. 12.

procrastinação e engano, quer por vezes pela força ou por qualquer outra técnica de sujeição e mudança de ideias, quer esta mudança seja gradual ou rápida, em alguns casos que não se podem permitir atrasos e esperas. Este é o aspeto operacional da ideologia terrorista ao publicá-la e ao mobilizar seguidores que podem ser utilizados em actos terroristas.

Os actos terroristas são: Um conjunto de manifestações, meios e instrumentos utilizados em actos de violência permitidos e explorados pela ideologia terrorista para atingir os seus objectivos agressivos.

Relativamente ao pensamento terrorista, é: O pensamento que é doentio nas suas percepções e interpretações e na metodologia da sua análise e trabalho. Permite a quem o adopta utilizar todos os meios para atingir os seus objectivos[5] , este termo será confirmado neste estudo.

A definição do termo "pensamento terrorista" consiste nas duas palavras "pensamento" e "terrorista". Em termos linguísticos, pensamento significa utilizar a mente para perceber coisas[6] . Idiomaticamente, significa utilizar a mente para perceber as coisas conhecidas para alcançar as coisas desconhecidas, que são frequentemente exactas[7] .

Do ponto de vista linguístico, terrorismo vem do verbo "aterrorizar", ou seja, manter uma pessoa aterrorizada e assustada. "terroristas" é um termo que designa aqueles que usam a violência e a força para atingir os seus objectivos[8] . Idiomaticamente, o conceito de terrorismo incluía várias definições, tais como: definição da Conferência Internacional realizada sob a supervisão da Liga das Nações Unidas em 1937 com o objetivo de realizar uma convenção para a supressão e prevenção do terrorismo como: "Actos criminosos dirigidos contra um país, cujo objetivo ou natureza é provocar o pânico e o terror entre certas pessoas ou grupos de pessoas ou o público"[9] . O Dr. Salah Karam Shaaban definiu o terrorismo como "processos violentos, coordenados, materiais e morais que contêm

---

[5] Recensão: Um artigo publicado no sítio da segurança ideológica, intitulado: "Definição de Terrorismo", publicado em 15-12-2009. E a família e o seu papel na proteção dos filhos contra o desvio ideológico: Dr. Hassan Mubarak Taleb, Centro de Estudos e Investigação, Universidade Árabe Naif de Ciências da Segurança - Riade 1426, p. 16.

[6] Glossário Mediatório, c. 2. p. 318.

[7] Dicionário dos Princípios de Jurisprudência: Dr. Qutb Mustafa Sano, terceira edição, Al-Fikr Publishing House- Damascus 2006, p. 324.

[8] Glossário Mediatório, c. 1 p.23.

[9] O conceito de terrorismo na Sharia islâmica - tese de doutoramento - Dr. Hisham Abdul Salam Mohammed, p. 13.

uma espécie de opressão para atingir um determinado objetivo"[10].

Os académicos do Conselho de Jurisprudência também definiram o terrorismo como "a agressão praticada por indivíduos, grupos ou países contra o homem (a sua religião, o seu sangue, a sua mente, o seu dinheiro e a sua dignidade). Inclui as formas de intimidação e abuso, ameaça e morte ilícita, amedrontamento de pessoas e roubo forçado, todo o ato de violência ou ameaça é cometido para a perpetração de um empreendimento criminoso, individual ou coletivamente, destinado a aterrorizar pessoas, intimidá-las, pôr em perigo as suas vidas, liberdade, segurança ou condições, e prejudicar o ambiente ou instalações e propriedade pública ou privada, ou pôr em perigo os recursos nacionais[11].

A definição que será adoptada neste estudo é a seguinte "o terrorismo é o tipo de pensamento doentio que é contrário à lógica e ao pensamento sólido, e que permite que aqueles que o adoptam usem todos os meios para atingir os seus propósitos e objectivos; a fim de desestabilizar a segurança e influência em situações políticas e prejudicar as economias nacionais"[12].

4- Necessidade objetiva

Em termos linguísticos, necessidade significa dificuldade e necessidade insuportável[13]. De forma idiomática, o Imã al-Shatbi definiu a necessidade dizendo: "É um imperativo no interesse da religião e do mundo, de modo que, se se perder, os interesses do mundo não correrão na perfeição, caso contrário, existirá corrupção[14].

Linguisticamente, a palavra propósitos na língua árabe tem vários significados, um dos quais é justiça e moderação[15], como Alá diz no Alcorão Sagrado: "e sê moderado no teu passo" (Luqman,

---

[10] O conceito de terrorismo na Sharia islâmica, p. 11.

[11] Livro de decisões do Complexo de Jurisprudência Islâmica, pp. 355-356.

[12] Revisão: Artigo: "Definition of Terrorism", publicado em 15-12-2009.

[13] Glossário dos Princípios de Jurisprudência, p. 265.

[14] As aprovações nas origens da Sharia: Abu-Ishaq Al-Shatby, Ibrahim Bin Mousi Al-Lakhmi Al- Garnati, lançaram esta edição. Sheikh Ibrahim Ramadan, e uma entrevista sobre a edição que explicou: Sheikh Abdullah Daraz, terceira edição, Al-Maarifa Publishing House - 1997, p. 2 e 325.

[15] Al-Sahih, a coroa da língua e corretor do árabe: Isma'il ibn Hammad al-Jawhari (d. 393 e), investigação: Ahmed Abdul Ghafoor Attar, terceira edição, Al-'Alm for millions Publishing House, 1984, p.2 & 525.

19), ou seja, fica no meio termo entre a velocidade e a lentidão[16]. Também o Hadith do Profeta Mohamed "que a paz e a misericórdia estejam com ele": (deves ser moderado em todos os assuntos da vida)[17]. Em termos idiomáticos, significa "interesses que beneficiam as pessoas neste mundo e na outra vida, quer sejam obtidos através de benefícios ou de prejuízos"[18].

Estudos anteriores

Como o problema do terrorismo ideológico entre os jovens é um problema complexo, interligado e perigoso, os investigadores têm um grande interesse em estudar este fenómeno, seja a nível global, árabe ou local, uma vez que causa muitos impactos sociais, educativos, de segurança, religiosos e económicos ao nível do indivíduo ou da sociedade ou ao nível do Estado; estes estudos conferiram a este tema um grande interesse, a fim de identificar os esforços exercidos no estudo deste fenómeno e de beneficiar destes estudos para clarificar o problema e o método de tratamento, e apresentar soluções que contribuam para reduzir a sua propagação no futuro. Alguns desses estudos de diferentes direcções serão apresentados a seguir:

Em primeiro lugar: estudos com objectivos específicos, como "A segurança interna à luz dos objectivos da Sharia e das questões contemporâneas", de Rabea Naser Al Saeary (2011). O estudo visa explicar as ideias erradas sobre a Jihad no Islão e o papel dos cientistas, da família, da educação e dos meios de comunicação social na erradicação do terrorismo. As conclusões mais importantes deste estudo são que a segurança ideológica é a regra de segurança em geral e que o mujahid (um homem que luta por Alá) deve obter a autorização do imã e dos pais, se estes forem muçulmanos, para que a jihad seja uma obrigação religiosa.

Em segundo lugar, estudos relacionados com a Sharia, tais como "causas do terrorismo, da violência e do extremismo", do Dr. Saleh Ghanem Al Sadlan, que apresentou o estudo na Conferência Mundial sobre a posição do Islão em relação ao terrorismo, em 2004. O estudo tem por objetivo descobrir as raízes do extremismo, da violência e do terrorismo e tentar resolvê-las. Os resultados deste estudo provaram que existem razões políticas, ideológicas, sociais e económicas por detrás da

[16] As palavras do Alcorão, seguidas das disposições relativas à recitação e ao Tajweed: Hassanein Mohammed Makhlouf, primeira edição, Instituto Cultural - Beirute 1996, p. 221.

[17] Divulgado pelo Imã Abi Abdullah Muhammad Bin Ismail Bukhari no seu Saheeh, Livro: Al-Raqq (Capítulo: "Intenção e Continuidade ao Trabalho, conseguido por: Ahmed Zahwa e Ahmed Attiyah (Nova Edição, Al Kitab Al Arabi Publishing House, Beirute 2010, p. 1316.

[18] Os objectivos gerais da lei islâmica: Dr. Yousef Hamed Al Alam, segunda edição, The World Book of Islamic Books, Riyadh 1994, p. 79.

violência e do extremismo. O estudo também recomendou a necessidade de o Islão julgar utilizando a lei da Sharia, na vida dos muçulmanos, quer sejam indivíduos, sociedades ou nações. Os cientistas devem envidar esforços para racionalizar os muçulmanos com o verdadeiro pensamento islâmico.

Em terceiro lugar, estudos sociais como "youth and extremism", de Mohamed Sayed Fahmy (1995). O objetivo do estudo é tentar identificar os partidos sociais e proporcionar actividades de serviço social como guia para os jovens. As principais conclusões deste estudo

são que o vazio ideológico e a fraqueza da cultura religiosa tornam os jovens vulneráveis (presas) ao extremismo religioso, e que existe uma relação positiva entre as actividades de assistência aos jovens universitários e a prevenção do extremismo religioso. O estudo recomenda a intelectualização (enraizamento) dos jovens para não deixarem o património religioso saqueado por explicações rígidas ou por apelos incompletos. Foram apresentados estudos nos vários domínios do terrorismo. São muito numerosos e o investigador utilizou-os neste estudo.

Posição do estudo atual em relação a estudos anteriores

Os objectivos e resultados dos estudos anteriores tornam claro que estes estudos diferem do presente estudo em alguns aspectos e concordam com ele noutros aspectos. A diferença é que o objetivo do presente estudo e as suas questões e amostra são diferentes dos estudos anteriores. Este estudo centra-se na fase da juventude, num período específico e num fenómeno específico que é o terrorismo ideológico. Note-se que esta diferença não nega que o investigador tenha beneficiado de estudos anteriores em termos de metodologia e de ferramentas utilizadas para indicar o papel das instituições no combate ao fenómeno do terrorismo e do extremismo, o que significa que o presente estudo foi uma extensão dos estudos anteriores em termos da importância de orientar as instituições de todos os tipos a procurarem formas de eliminar (terminar) o fenómeno do terrorismo em todas as suas formas e tipos.

Delimitações do estudo

A delimitação do estudo é um dos passos metodológicos que não pode ser descurado em qualquer estudo, através do qual é possível conhecer o local onde o estudo foi realizado, o período de tempo em que o estudo foi realizado e os indivíduos que foram incluídos, para além do tema a que se referiam. O estudo é delimitado a:

1- Limites do local: O âmbito do presente estudo abrange os países árabes.
2- Limites temporais: O presente estudo abrange o período de 2012 a 2016.
3- Fronteiras humanas: O estudo centra-se numa fase da vida humana, que é a fase da juventude nos países árabes.
4- Limites do objeto de estudo: O estudo foi delimitado ao fenómeno do pensamento terrorista entre os jovens (razões e objectivos, e meios eficazes para os proteger).

Metodologia do estudo

Este estudo baseia-se na abordagem descritiva analítica. É utilizada para descrever com exatidão o fenómeno do pensamento terrorista através da recolha e do controlo dos factos e da informação relacionados com o mesmo, analisando-os em seguida para explicar as suas causas e motivos e o método de imunizar os jovens contra ele como uma necessidade.

Plano de estudo

Com base nos pormenores acima referidos, este estudo será dividido em três capítulos, o primeiro dos quais abordará o pensamento terrorista numa perspetiva intencional. O segundo capítulo aborda as razões e os motivos do pensamento terrorista. O terceiro e último capítulo é dedicado à discussão dos meios eficazes de imunizar os jovens contra o pensamento terrorista. A conclusão inclui: as principais conclusões do estudo e as recomendações mais importantes que podem contribuir para proteger os jovens do terrorismo ideológico, em função dos resultados do estudo.

Capítulo 1

Pensamento terrorista de uma perspetiva intencional

O objetivo da sharia é proteger o universo, reconstruir a vida na terra e prevenir a corrupção e a destruição. Al-Fassi explica este significado dizendo: "O objetivo geral da lei islâmica é preservar a vida na terra, reformando-a através da preservação da honestidade das pessoas. Estas devem agir de forma justa e correcta, reformar a terra e extrair os seus benefícios[19]. Isto será feito através da consecução de interesses e da prevenção da corrupção, de acordo com o significado de interesse e corrupção. O Imam al-Juwaini (478 H) diz: "Quem não observar as intenções nas ordens e proibições não conhece a Sharia"[20].

O Imã Ibn Al-Qayyem (751 H) diz: "A estrutura e a base da Sharia são a sabedoria e os interesses das pessoas. Todas as questões que passaram da justiça para a injustiça, da misericórdia para o oposto, do benefício para o prejuízo e da sabedoria para a futilidade, não são da Sharia. Como a Sharia é a justiça de Deus entre os homens e a sua misericórdia entre a sua criação... Todas as coisas boas no mundo são beneficiadas por ela, e todas as deficiências no mundo acontecem por causa de sua negligência. Como a Sharia que Deus enviou com o seu Profeta é a razão da felicidade no mundo atual e na outra vida[21].

Os estudiosos e os cientistas concordaram que o mais importante para a facilidade e o conforto do ser humano é a preservação de cinco coisas, que são chamadas as cinco necessidades: religião, alma, mente, descendência e dinheiro. A lei islâmica criou regulamentos e leis completos para preservar estas cinco necessidades, em termos de existência: Como legitimou leis para elas, a fim de estabelecer os seus fundamentos e regras e alcançar a sua existência na sociedade, ou em termos de inexistência: o que impede a confusão existente ou esperada sobre elas[22].

Neste capítulo, procurar-se-á esclarecer o pensamento terrorista e as cinco necessidades, bem

---

[19] Ver: Os objectivos da Sharia e as suas vantagens, pp. 45-46.

[20] Provas nas origens da jurisprudência: Abu al-Ma'ali, Abdul Malik bin Abdullah, Al- Juwaini, Investigação: Dr. Abdul Azim Mahmoud Al-Deeb, quarta edição, Al-Wafa Mansoura Publishing House - Egipto 1418 H, p. 2 e 206.

[21] Os famosos signatários do Senhor dos Mundos: Ibn al-Qayyim al-Jawziyya, investigação por: Essam Fares, e as conversas por: Hassan Abd al-Hanan, primeira edição, Al-Jalil Publishing House - Beirute 1998, p. 3 & 5.

[22] Revisão: Aprovações, c 2 p. 234-235.

como a compatibilidade ou contradição do pensamento terrorista com estas necessidades.

Em primeiro lugar: O pensamento terrorista e a integridade da religião

A preservação da religião é um dos maiores objectivos e exigências da Sharia. O objetivo da preservação da religião assenta em duas bases, conforme determinado por El Shatby - que Deus tenha piedade dele - nas "Aprovações": primeiro: é a preservação da religião em termos de existência, através da preservação do que estabelece as suas regras. Segundo: a preservação da religião em termos de inexistência, através da remoção da corrupção atual ou da prevenção da corrupção esperada[23] .

A preservação da religião em termos de existência será conseguida através de: ciência, aplicando-a, invocando-a, julgando através dela e lutando por ela. A preservação da religião em termos de não-existência será conseguida através de: combate aos heresiarcas. A heresia é um dos principais meios pelos quais a religião é trocada e deturpada, e através do qual coisas estranhas são inseridas nela, e adorar a Deus sem o que foi legitimado, é uma desculpa para desperdiçar as coisas permitidas e substituí-las por outras coisas. Assim, a fim de completar a preservação da religião, as heresias são proibidas porque violam o objetivo da religião[24] .

Quem adopta a ideologia terrorista e comete heresias na religião e permite a matança de homens, mulheres e crianças, violou o objetivo de preservar a religião. Um aspeto importante que deve ficar claro é que o Islão não obriga ninguém a

acreditam nele; e tudo o que os pensadores extremistas ou os terroristas fazem em nome da religião e em nome da difusão do Islão e da Jihad, a religião é inocente. Alá diz no Alcorão Sagrado: (Não haverá compulsão na aceitação da religião. O caminho certo tornou-se claro em relação ao errado) "Al Baqara, 256".

---

23 Revisão: Aprovações, c 2 p. 234-235.

24 Revisor: The Purposes of Islamic Law and Its Relation to the Evidence of Sharia: Dr. Mohammed Saad bin Ahmed bin Masoud Al-Youbi, First Edition, Al-Hijra Publishing and Distribution House-Saudi Arabia 1998, pp. 194-201.

Segundo: O pensamento terrorista e a integridade da alma

Um dos objectivos e princípios essenciais da Sharia é a preservação da alma humana e a proibição de a ferir e matar em vão, porque a sobrevivência da humanidade e a continuação da mensagem islâmica estão relacionadas com a vida dos indivíduos e dos grupos.

O Islão legislou várias formas de preservar a alma de duas maneiras: primeiro: a preservação da alma em termos de existência, o casamento é legislado para a reprodução, a fim de construir a terra. Segundo: a preservação da alma em termos de inexistência: existem várias formas de preservar a alma, ou seja, é proibido matar ou violar a dignidade. Além disso, as heresias são proibidas e o heresiarca deve ser punido[25]. As almas que a Sharia pretende preservar são as almas protegidas do Islão, o tributo ou a segurança, mas a alma do guerreiro não é o que a Sharia pretende preservar.

O Islão proíbe todos os danos a indivíduos ou grupos, pelo que proíbe a propagação de ideias destrutivas e toxinas que permitam a corrupção, a destruição, a deslocação e o assassínio. O Islão também proíbe o assassínio, seja ele suicida ou de outrem: (Não vos mateis a vós próprios nem uns aos outros. Alá é misericordioso para convosco) "Al Nesaa, 29". O Islão também condenou este crime e considerou que matar uma pessoa é como matar todas as pessoas; Alá diz no Alcorão Sagrado (Quem matar uma alma, a não ser por uma alma ou por corrupção cometida na terra, é considerado como se tivesse matado toda a humanidade. E quem quer que salve uma alma, é como se tivesse salvo toda a humanidade) "Al Maaida, 32". Alá ameaçou o assassino com o castigo neste mundo e na outra vida, diz Alá no Alcorão Sagrado: (quem matar um crente intencionalmente, a sua recompensa será o Inferno, onde permanecerá eternamente, e Alá irritou-se com ele e amaldiçoou-o e preparou-lhe um grande castigo) "Al Nesaa, 93".

Há muitos discursos do Profeta Maomé que proíbem matar o crente ou usar a agressão contra ele. O Profeta Maomé (que a paz esteja com ele) disse: "O crente não perderá a sua religião, a menos que cometa um assassínio proibido"[26]. O Profeta (que a paz esteja com ele) disse: "A primeira coisa pela qual as pessoas são julgadas é o sangue"[27]. Ibn Hajar disse: "no Discurso do Profeta, a questão do sangue é grande, porque o início é sempre com o mais importante"[28]. Considerava também que

---

[25] Recensão: Os objectivos da Sharia, Ibn Ashour, p. 303.

[26] (Narrado por al-Bukhari, em Sahih, al-Diyyat), secção: (Ele diz: "Quem matar deliberadamente um crente, e as suas porções serão o inferno"). (Al Nesaa, 93). Discurso no (6862), p. 1387.

[27] (Narrado por al-Bukhari em Sahih, al-Diyyat), capítulo: (Ele diz: "Quem matar um crente deliberadamente, então as suas porções serão o inferno") [al-Nisa ': 93]. Discurso nº (6864), p. 1387.

[28] (Fatih al-Bari) Sharh saheeh al-Bukhaari: Ahmad bin Ali bin Khasar, Abu al-Fadl al- Asqalani, N.º de livros e portas: Muhammad Fuad Abdul-Baki, que o dirigiu e corrigiu. (Edição Don, Al-Maarefa Publishing House-Beirute 1379 AH) c11 p. 189.

quem se envolvesse no derramamento de sangue, envolver-se-ia em dilemas sem saída. De acordo com Abdullah Ibn Omar - que Deus esteja satisfeito com ele - ele disse: "um dos dilemas que não têm saída para aqueles que se envolveram é o derramamento de sangue proibido sem desculpa"[29] .

Ibn Hajar disse: (um dos dilemas) o plural de dilema, que é destruição. Quando se diz que alguém está num dilema, isso significa que não há solução ou saída para ele. Derramar sangue significa derramar sangue, o que se pretende aqui é matar. Proteger as almas da morte é o maior objetivo da Sharia islâmica.

Terceiro: O pensamento terrorista e a integridade da mente

Um dos objectivos da sharia é preservar a mente, que é a base da responsabilidade e da atribuição. O homem é honrado por ter uma mente, é preferido em relação a todas as outras criaturas. O Islão legitimou várias formas de manter a mente sob dois aspectos:

Primeiro: o aspeto da existência: a disponibilização da ciência, seja pela aprendizagem ou pelo ensino ou pela divulgação, de facto a ciência é a arma do homem, que o impede de cair em muitos deslizes e erros ou ilusões, Alá diz no Alcorão Sagrado: (dizei: os que sabem são iguais aos que não sabem?) "Al zumur, 9".

Segundo: o lado da não-existência: preservando a mente para não ser afetada por qualquer defeito que leve à sua corrupção. Quando os defeitos afectam a mente do indivíduo, isso leva a uma corrupção parcial; e quando os defeitos afectam as mentes de grupos e nações, isso leva a uma maior corrupção[30] .

Deus criou a mente dos seres humanos para ser um instrumento de compreensão, realização, consideração e raciocínio, e equilíbrio entre as coisas para distinguir o bem e o mal. Aqueles que têm uma mente sã comportam-se corretamente e podem utilizar a sua mente e defender as suas ideias usando argumentos e provas. Ao contrário daqueles que têm um pensamento extremista e destrutivo, o seu comportamento é desviante; têm percepções corruptas, destrutivas e heresias. A proteção deste pensamento, especialmente dos jovens, é uma necessidade porque conduz à existência de pessoas e

[29] (Narrado por al-Bukhari em Saheeh), o livro: (a religião), a porta: (Ele diz: "Quem matar um crente deliberadamente, e as suas porções serão o inferno"). (Al Nesaa, 93). Discurso no (6863), p. 1387.
[30] Os objectivos da Sharia para Ibn Ashour, p. 473.

países.

Em quarto lugar: O pensamento terrorista e a integridade da descendência

A preservação da progenitura é um dos objectivos mais importantes da Sharia, sendo que a preservação da filiação a completa posteriormente; como a preservação da progenitura é um dos pilares básicos da vida e uma das causas da reconstrução do universo; a força das nações reside nela. Ao preservar a descendência, as nações podem defender a sua religião e as suas almas e proteger a sua honra e o seu dinheiro. A Sharia preocupa-se com a preservação da descendência sob dois aspectos:

O primeiro é o aspeto da existência: é conseguido através do incentivo ao casamento, a fim de preservar a espécie humana e ter a boa descendência que constrói o universo e a vida humana e entrega os encargos de povoar a terra aos que virão depois deles, para que a ternura humana continue e a civilização humana floresça sob princípios nobres e valores valiosos.

Segundo: o aspeto da inexistência: consegue-se impedindo o que obstrui ou reduz ou dificulta a progenitura, quer negligenciando o casamento, quer praticando o aborto ou qualquer outra coisa que a prejudique. Entre as finalidades da preservação da descendência, está a preocupação com a educação dos jovens e o aprofundamento dos laços de intimidade, obrigando os pais a cuidar dos filhos, pois eles são a proteção da geração futura. Além disso, a prole não deve ser exposta à perda e à criação corrupta que não seja acompanhada de cuidados e atenção.

Em quinto lugar: O pensamento terrorista e a integridade do dinheiro

Poupar dinheiro é um dos objectivos vitais da Sharia; é o sangue vital, a Sharia preocupa-se com a preservação do dinheiro em dois aspectos.

O primeiro é o aspeto da existência: a motivação para o ganho legítimo e a permissão de transacções justas e de gastar o dinheiro em bons propósitos, de acordo com as ordens de Deus, diz Alá no Alcorão Sagrado: (dai-lhes da riqueza de Alá que Ele vos concedeu) "Al Noor, 33".

O segundo é o aspeto da inexistência: é conseguido através da preservação do dinheiro e da proibição da violação dos direitos dos outros, seja por roubo, assalto ou outros meios ilegais, tendo sido imposta uma punição dissuasora a todos aqueles que usam a força e aterrorizam os outros, roubando-lhes o dinheiro e atentando contra as suas vidas[31] . Ibn Khaldoon afirmou na sua introdução que os objectivos da Sharia, em todos os seus regulamentos, se baseiam na preservação da vida[32] . O dinheiro é utilizado para servir as pessoas e não para a corrupção; e o que o pensamento terrorista faz, de gastar dinheiro para matar pessoas e destruir propriedades, está longe da Sharia islâmica e dos seus objectivos.

Após a apresentação das cinco necessidades, pensa-se que o pensamento terrorista não tem nada a ver com estas necessidades, tal como foi esclarecido acima. O Islão preserva estas cinco necessidades e fornece regulamentos adequados para as preservar, tanto nos aspectos da existência como da inexistência, e proíbe violá-las ou prejudicá-las. Este é o verdadeiro significado da Sharia. Mais ainda, considerando estes cinco pilares - as cinco necessidades são comuns a todas as religiões, incluindo as religiões politeístas, com os vestígios das suas origens inspiradas.[33]

---

[31] Segurança interna à luz dos objectivos da Sharia e das questões contemporâneas: Rabaa bint Nasser Al-Sayari (primeira edição, Universidade Árabe Naif de Ciências da Segurança - Riade 2011) p. 135.

[32] Introdução: Abdulrahman bin Mohammed, Ibn Khaldun, investigação: Darwish Juweidi (segunda edição, Biblioteca Moderna - Beirute 1996) p. 43

[33] Ver: The basic Necessities of Islamic Sharia: Dr. Ahmad Al-Risouni, (edição revista e alargada) p.33.

Capítulo 2

Causas e motivos do pensamento terrorista

Há muitas tendências ideológicas que abordaram as causas do fenómeno do terrorismo, mas concordam em dizer que o fenómeno do terrorismo é complexo e tem muitas causas sobrepostas e inter-relacionadas. Trata-se de um comportamento social que é adquirido, não herdado geneticamente; e a nossa juventude pode ser imunizada contra ele se as suas causas e motivos forem conhecidos. As razões são múltiplas, sociais, educativas, culturais, religiosas, etc., o estudo limitar-se-á a mencionar algumas das causas e motivos mais importantes do pensamento terrorista com o objetivo de dar exemplos e não de fazer cálculos, que são os seguintes

Primeiro: razões sociais

O indivíduo adquire as qualidades psicológicas do ambiente que o rodeia, seja no meio familiar ou no meio comunitário. Qualquer defeito nesse ambiente é a primeira faísca que leva o indivíduo ao desvio de comportamento, ao extremismo de opiniões e ao exagero de ideias, e faz da sociedade um terreno fértil para o crescimento de fenómenos que não estão ligados à natureza humana. Algumas das causas sociais da disseminação do pensamento terrorista são:

1 - Acompanhar os desviantes e os pensadores corruptos e ser afetado pelas suas ideias

É perigoso sentar-se com os desviantes da comunidade e ser afetado pelas suas ideias sob o nome de religião. Estas organizações e grupos são caracterizados pela ignorância e por ideias enganadoras. Estes grupos e organizações secretas influenciaram algumas mentes de jovens e de outras pessoas. Tentaram seduzir os jovens distorcendo os princípios da Sharia e brincando com os termos religiosos

e alterando-os, tais como o termo "Jihad", "Aves do Paraíso", "O Caminho para o Paraíso" e "Al Hoor Al Ain", e o seu número, fornecendo também uma descrição imaginária detalhada dos mesmos, e a bela imagem do Paraíso, injectando-a na imaginação dos jovens[34] .

Ao fazerem do Imã e do povo responsáveis pelo ódio, dizem que é permitido desobedecer-lhes e à comunidade muçulmana, e esquecem-se de que desobedecer-lhes é proibido pelo Alcorão Sagrado e pela Sunnah: (vós que acreditais, obedecei a Alá e obedecei ao mensageiro e aos responsáveis por vós) "Al Nesaa, 59". O que se entende por responsáveis é o governador e os príncipes. Estes devem ser obedecidos. O Profeta Maomé (que a paz esteja com ele) diz: "Quem me obedece obedece a Alá e quem me desobedece desobedece a Alá. Quem obedecer ao príncipe, obedeceu-me e quem desobedecer ao príncipe, desobedeceu-me)[35] . Ignoraram também a proibição de desobedecer ao imã após a sua fidelidade. O Profeta Maomé (que a paz esteja com ele) diz: (quem se comprometeu a fidelidade a um imã, deve obedecer-lhe se puder, e se outro vier combatê-lo, matar o outro)[36] .

2 - Tempo livre em todas as suas formas e tipos

O tempo é muito importante na vida dos indivíduos e dos grupos, especialmente dos jovens, que têm grandes potenciais que devem ser investidos de forma correcta para os proteger a eles e à sua sociedade. O Profeta (que a paz esteja com ele) diz: (há duas dádivas divinas em que muitas pessoas são enganadas, são elas: a saúde e o tempo livre)[37] .

O vazio em todas as suas formas e tipos, seja o vazio do coração da obediência, seja o vazio mental da ciência e da cultura úteis, seja o vazio psicológico das obras úteis, todos eles corrompem o homem. São considerados uma doença mortal e destrutiva para a religião, a alma e a mente. Se não te ocupares com o que te beneficia, eles te ocuparão com coisas triviais. O vazio, em todas as suas formas, é um terreno fértil para a aceitação de todos os pensamentos destrutivos e do extremismo, de

---

[34] Recensão: Um artigo intitulado: Islão e terrorismo ... termo problemático: Dr. Jamal Nasser, 31 de março de 2009 (Rede Al-Oloqa, uma rede islâmica, intelectual e cultural, sob a supervisão de: Dr. Khalid Al Jeraisy, Dr. Saad Al-Humaid). Um artigo no jornal Al-Jazeerah intitulado: Sexual repression and terrorism (Repressão sexual e terrorismo): Nasser Al-Sarami, domingo, 23 de agosto de 2015. A globalização cultural e o seu impacto na identidade: Khalid bin Abdullah Al-Qasim, investigação apresentada no simpósio sobre globalização e prioridades da educação realizado de 1 3 1425 e, Faculdade de Educação, Universidade Rei Saud, Riade 1425, p. 897.

[35] Narrado por Ahmad bin Ali ibn Hajar al-Askalani em Fath al-Baari, Sharh saheeh al-Bukhaari, o livro dos pareceres sobre o capítulo do versículo (obedecer a Deus, ao Profeta e a quem tem autoridade). Hadith no (6718), Al Rayan Publishing House, 1986, p. 1 & 119.

[36] Narrado por Muslim no seu Sahih, o Livro do Emirado, capítulo sobre a obrigação de cumprir a fidelidade dos califas, o primeiro e o primeiro, Hadith n.º 1844, divulgado por: Ahmed zahwa e Ahmed Enayat. Editora de Livros Árabes. Beirute, 2008, p. 791.

[37] Narrado por al-Bukhari no seu Sahih, o livro (Al-Razak), capítulo: "Saúde e vazio e não viver a não ser para a outra vida" (Hadith nº 6412) p. 1307.

modo que os pensamentos e as ideias penetram e invadem os corações e as almas, criando grupos e movimentos políticos e tendências secretas ilegais, que são facilmente financiados com suprimentos financeiros e técnicos de outros países para criar uma espécie de desestabilização da segurança e da integridade, e para facilitar a matança e a destruição, e fazer sedição no país. O perigo do vazio para o ser humano não é menor do que o risco e o perigo do fumo, da pressão ou da diabetes, pois o vazio de todos os tipos é combustível para o terrorismo[38] .

Segundo: Razões pedagógicas

O processo educativo é um dos campos que se integra com outros meios de comunicação, a família, a economia e outros meios que afectam o pensamento dos nossos filhos. Se analisarmos os currículos em geral e o currículo da educação islâmica, especialmente na maioria das cidades do mundo islâmico, encontraremos o seguinte, tal como consta no livro da controvérsia da educação religiosa, "história - modelos - reforma":

1- Alguns currículos educativos estão isolados das ciências, dos conhecimentos e das culturas do tempo presente, e isolados das necessidades e dos objectivos das nossas sociedades, longe de contribuírem para os seus planos de desenvolvimento.
2- Alguns destes currículos educativos estão a ensinar aos seus alunos uma única visão jurídica, que é ensinada como uma verdade muçulmana que não aceita debate, desacordo ou opinião diferente.
3- Ensinam conceitos religiosos, como a jihad, a exigência de boas acções e a proibição de más acções, a fidelidade e a inimizade, a aplicação da sharia e a sucessão, um ensino que contribui para a perpetuação do pensamento terrorista, limitando a ideia de jihad a quem quer que seja considerado incrédulo, como uma guerra contínua entre a descrença e a fé, há outras questões e conceitos ensinados de uma forma que está longe de ser tolerante com a Sharia islâmica.
4- Em muitos países, os currículos educativos dependem - na sua forma de ensino durante as etapas educativas - da memorização, da repetição e do preenchimento inútil, o que facilita o controlo

---

[38] Recensão: Colheita do Terrorismo: Dr. Nasser bin Masfar al-Zahrani (Don edition, al-Obeikan 2004) pelas causas do terrorismo, da violência e do extremismo Estudo analítico, pp. 33-35. Mohiai 2: Dr. Walid Fiteihi (primeira edição, Biblioteca Nacional Rei Fahad - Jeddah 1436) pp. 131-134.

destas mentes[39] .

Terceiro: Razões religiosas

A ignorância da religião e dos objectivos da Sharia, e o julgamento dos seus significados pela incerteza, sem se certificar da fraqueza da ciência legítima, é um lugar fértil para o crescimento e a propagação de desvios ideológicos, que os levou à expiação sem conhecimento, e os levou a apelar à Jihad em situações inapropriadas. Levou-os também a julgar ignorantemente a fidelidade e a inocência em nome da reforma e do apoio aos muçulmanos. Mataram e devastaram a terra devido à sua ignorância e desconhecimento dos objectivos da Sharia. O Sheik Ibn Taymiyah do Islão disse: "A ignorância e a injustiça são a base de todo o mal. Alá disse no Alcorão Sagrado: (o homem suporta-o. De facto, ele era injusto e ignorante). "Al Ahzab, 72"[40] . Entre as razões religiosas para a difusão do pensamento terrorista contam-se as seguintes:

1- Ignorância dos objectivos da Sharia e da ética tolerante do Islão

A ignorância é a causa da miséria das nações e dos indivíduos, e a razão do seu atraso e perda. O conhecimento é a razão do seu progresso e orgulho, disse Alá no Alcorão Sagrado: (Deus elevará, gradualmente, os fiéis, entre vós, e aqueles que foram instruídos. E Deus está ciente de tudo o que fazeis) "Al Mujadala, 11". Não há prosperidade sem conhecimento, e não há mal sem ignorância, pois é um dos sinais do Dia do Juízo Final, porque o Profeta (que a paz esteja com ele) disse: "antes do Dia do Juízo Final, a ignorância prevalecerá, o conhecimento será negligenciado e a matança aumentará"[41] .

Conta-se que Omar que Alá esteja satisfeito com ele - se sentou um dia sozinho e disse para

---

[39] Resenha: Debate do Ensino Religioso, História - Modelos - Reforma: Centro Mabar de Estudos e Pesquisas (livro mensal editado pelo Centro de Estudos e Pesquisas, o livro (103) 2015 (pp. 36-44).

[40] (Exigência do caminho reto para a violação dos incrédulos: Ahmed bin Abdul Halim bin Abdul Salam bin Taymiyah (d. 728 e), investigação e comentário por: Dr. Nasser bin Abdul Karim Al-Aql (sem edição, Biblioteca Al-Rashed - Riade). p. 32.

[41] Narrado por al - Bukhaari no seu Sahih, o livro (sedição), capítulo (aparecimento da sedição) Hadith No. (7062). p. 1431.

si próprio: como é que esta nação pode ser diferente e tem o mesmo profeta? Então, dirigiu-se a Ibn Abbas - que Alá esteja satisfeito com eles - e disse: como é que esta nação pode ser diferente e tem o mesmo profeta e a mesma kiblah? - Said acrescentou: e o mesmo livro? Ele disse: Ibn Abbas disse: Ó Comandante dos Fiéis! O Alcorão foi-nos enviado e nós lemo-lo e conhecemos as ocasiões e as situações dos seus versículos; porém, depois de nós, virão pessoas que lerão o Alcorão e não conhecerão as ocasiões e as situações dos seus versículos, pelo que cada grupo de pessoas terá uma opinião diferente e, se divergissem, lutariam! Disse ele: Omar gritou com ele e Ali repreendeu-o, pelo que Ibn Abbas saiu. Então, Omar considerou o que ele disse e chamou-o e disse: repete o que me disseste antes, e ele repetiu, então Omar compreendeu e gostou do discurso![42]

E o que Ibn Abbas disse - que Alá esteja satisfeito com eles - é a coisa certa, porque se o homem conhecesse as ocasiões e situações do versículo, saberia facilmente

E não têm estabilidade suficiente na ciência que os conduza à coisa certa, ou que os afaste dos problemas, não era necessário fabricar mentiras que não enriquecem a coisa certa, pois não há provas disso na Sharia, por isso perderam-se e enganaram os outros. Talvez se tenham precipitado e não tenham recolhido provas suficientes, ou talvez não tenham compreendido os objectivos da Sharia[43] .

2- A dependência dos jovens uns dos outros sem recorrer aos cientistas

Muitos jovens que se envolveram em erros não adquiriram conhecimentos de cientistas ou especialistas, mas receberam-nos de livros desviantes e de Sheiks mal orientados. O Imã Shatiby mencionou as razões das heresias, que conduzem à divisão da nação, dizendo "quem acredita em si próprio ou em outros acredita que é um erudito em religião - e na verdade não chegou a essa posição - pensa que isso é verdade e considera a sua opinião a correcta. por vezes, isto acontece num ramo do conhecimento religioso e, por vezes, em todas as partes da religião - quer se trate de fundamentos ideológicos ou práticos. Ele depende de algumas partes da Sharia para demolir a sua totalidade. Assim, ele apresenta o que aprova o seu discurso de acordo com a sua opinião, sem estar consciente

[42] The sit-in: Muhammad bin Musa bin Ibrahim al-Shatby, investigação de: Selim bin Eid Hilali (primeira edição, Afan Publishing House - Arábia Saudita, 1992) c 2 p. 671.
[43] (Ver: O Problema do Exagero na Religião na Era Atual. As causas - os efeitos - o tratamento: Abdulrahman Bin Al-Mualla Al-Luwaikh (Segunda Edição, Al-Resalah-Beirute, 1420H). pp. 2 & 692-693.

do seu significado e sem compreender os seus objectivos, e este é o heresiarca.[44]

Os heresiarcas eram chamados subjectivos[45] porque seguiam os seus caprichos, não consideravam as provas legítimas, mas confiavam nos seus pontos de vista: (Na verdade, aqueles que dividiram a sua religião e se tornaram tendências - tu, (ó Muhammad), não estás associado a eles em nada. O assunto deles só é deixado a Alá; então, Ele informá-los-á sobre o que costumavam fazer) "Al Anaam, 159".

Abu Huraira - que Allah esteja satisfeito com ele - disse sobre este versículo: Este versículo foi revelado para falar das pessoas que seguem os seus caprichos; dispersam a sua religião e seguem algumas partes e abandonam outras. Desviam e alteram os textos para concordarem com as suas heresias. O Profeta Mohamed (que a paz esteja com ele) disse: (.... e o incapaz é aquele que segue os seus desejos e depois deseja o auxílio de Allah)[46] .

Ibn Masud (que Alá esteja satisfeito com ele) disse: "As pessoas continuam bem se tomarem conhecimento dos seus anciãos (sheikhs), das suas pessoas honestas e dos seus académicos. Mas se tomarem conhecimento dos jovens e dos maus, ficarão arruinadas e destruídas."[47] .

Ibn Qutaibah disse na sua interpretação: "O povo ainda está bem enquanto os seus eruditos forem os xeques, e não os jovens, porque o xeque ultrapassou a severidade da juventude e o seu prazer e rapidez, e habituou-se a examinar as coisas; não segue os seus caprichos, e o diabo não o insinua. Mas o jovem pode fazer todas estas coisas. [48]

---

[44] Sit-in, c 2 p. 679.

[45] Os desejos da coleção, e a sua fantasia individual, que está na linguagem do amor da coisa humana e que controla o seu coração, e a combinação de caprichos o significava a tendência da alma para amar o que não ouve a regra da Sharia. Abdulrahman Al-Marashli (primeira edição, Al Nafas Publishing House - Beirute 2003) p. 341.

[46] Narrado por Muhammad ibn 'Issa al-Salami al-Tirmidhi na mesquita Sunan al-Tirmidhi. Livro da Ressurreição e Castidade e Da'eef, Hadith n.º 2467, graduação e numeração: Sadqi Jamil al-Attar (sem edição, Al-Fikr Publishing House, Beirute, 2008). p. 711.

[47] Sahih al-Faqih e o Acordado: Al-Khatib al-Baghdadi, resumido e comentado por: Abu Abdul Rahman Adel bin Yusuf Al-Azzazi (primeira edição, Al-Watan Publishing House -Riyadh 1997) p. 331.

[48] O Compreensivo da Declaração da Ciência e da sua Virtude: Ibn Abd al-Barr al-Qurtubi, investigação por: Abu al-Ashbal al-Zuhairi (primeira edição, Al-Jawzi Publishing House -Dammam 1994) p. 616.

Quarto: Razões culturais e meios das tecnologias modernas

Os meios de comunicação social e os meios da tecnologia moderna são considerados um dos perigos que ameaçam a segurança ideológica. Controlam à distância as mentes dos jovens através dos seguintes meios:

1- Meios aéreos

Os meios de comunicação social tornaram-se uma linguagem moderna que não pode ser ignorada ou abandonada, pelo que os terroristas se armam deliberadamente com vários meios de comunicação social para divulgar os seus propósitos e objectivos satânicos, a fim de enganar os serviços de segurança e controlar a opinião pública.

As campanhas mediáticas que cobrem estas operações ajudam a atingir e a completar os objectivos terroristas, de tal modo que algumas pessoas consideram que o ato terrorista que não é acompanhado pela cobertura mediática é um ato mal sucedido.

Os meios de comunicação social dão ao terrorismo uma promoção mediática que nenhuma outra organização lhe dá, e tratam o ato terrorista mais como um acontecimento do que como um fenómeno. Os meios de comunicação social árabes dão mais atenção às operações terroristas do que ao terrorismo enquanto fenómeno que tem as suas causas e repercussões negativas no indivíduo e na sociedade.[49]

2- Redes sociais de todos os tipos e formas

Originalmente, os meios de comunicação social são meios de entretenimento e de troca de situações e imagens. Depois, transformaram-se em meios para penetrar em tendências destrutivas, ideologias desviantes e chegar às mentes dos jovens nas suas próprias casas, enganando-os para que façam o que querem.

---

[49] Recensão: Media dealing with the phenomenon of extremism and terrorism: Union of Arab States Broadcasting, Liga dos Estados Árabes, Série de Investigação e Estudos Radiofónicos, Tunísia, 78 de abril de 2015, p. 9.

Aqui está a história do jovem que surpreendeu o mundo, o jovem que matou o seu primo a sangue frio, e como este jovem estava convencido de que o seu primo que vive com ele em sua casa é um incrédulo que merece ser morto!

E outra história de uma criança de oito anos, a mãe contou que o filho, nos últimos meses, se tornou mais insociável, hostil e zangado com toda a gente à sua volta. Quando ela lhe perguntava repetidamente o que se passava, ele dizia que uma pessoa desconhecida num jogo eletrónico lhe pedia continuamente para matar a mãe!

E não só, mas o perigo passou dos jovens para os investigadores com graus académicos mais elevados. Há uma estudante de pós-graduação (mestrado). Tem 27 anos. Publica na rede social Twitter tweets provocatórios sobre questões que comprometem a segurança e a estabilidade do Reino da Arábia Saudita; produz também videoclipes e fotografias para atingir esse objetivo.

Estes grupos têm uma grande quota-parte de influência na manipulação das mentes dos jovens, reprogramando-as e carregando-as através dos meios de comunicação social e das tecnologias modernas, de acordo com a sua ideologia paciente e destrutiva. [50]

Quinto: Razões económicas

A economia é um dos principais factores de estabilidade psicológica do ser humano. Quanto mais o rendimento de um indivíduo satisfaz as suas necessidades e as da sua família, mais estáveis são a sua satisfação e a sua estabilidade social. Quanto menos o rendimento do indivíduo não satisfaz as suas necessidades e as da sua família, mais confuso e insatisfeito fica com a sua sociedade. Esta insatisfação pode transformar-se em ódio, o que leva a uma catástrofe na sociedade, especialmente se ele vê as diferenças individuais entre ele e outros membros da sociedade sem boas razões para essas diferenças. Para além do baixo nível de vida, habitação, educação, saúde e outros serviços necessários que o indivíduo acredita ser causado pelo fracasso do governo em

Os cidadãos não têm acesso a estes serviços, devido ao desemprego desenfreado e à falta de justiça entre os membros da sociedade.

[50] O impacto da invasão cultural no comportamento da juventude árabe: Muhammad Ihsan Al Hassan, Centro de Estudos e Investigação, Academia Árabe Naif de Ciências da Segurança, Riade, 1419H (p. 16).

Este estado de frustração humana e de sentimentos negativos em relação à sociedade gera um estado de abandono da filiação nacional, e a rejeição do sentido de responsabilidade nacional, e a falta de respeito pela pátria e pelos cidadãos que ele vê que não foram justos com ele e não lhe deram o seu direito. E que a pátria não cumpriu o seu dever para com ele, para acabar com o seu sofrimento e pobreza. Por isso, ele tem um sentimento de vingança, que pode ser criado por algumas pessoas enganadoras, para que melhorem a capacidade dessa pessoa frustrada de melhorar o seu estado económico, sem lançar luz sobre a história, e as comunidades circundantes, e o que nelas tem ocorrido por esses grupos que têm ideologia imprópria.[51]

---

[51] Ver: O Impacto da Invasão Cultural no Comportamento da Juventude Árabe, p. 16.

Capítulo 3

Imunizar os jovens da ideologia terrorista

Enfrentar o terrorismo é uma responsabilidade de toda a comunidade. Só na presença de uma estratégia ou de um sistema integrado em que os esforços dc todos os indivíduos e instituições cooperam para lidar com os aspectos religiosos, ideológicos, de segurança, familiares e educativos de todos os tipos e com todos os meios que possuem para impedir o acesso destes venenos e ideias às mentes dos nossos filhos, e para drenar as suas fontes, pois é uma responsabilidade comum, porque o Profeta Mohamed - que a paz esteja com ele - disse "Todos vós sois pastores e cada um de vós é responsável pelo seu rebanho. O Imã é um pastor e é responsável pelo seu rebanho. Um homem é o pastor do povo da sua casa e é responsável. A mulher é o pastor da casa do seu marido e é responsável, e o servo, no dinheiro do seu senhor, é pastor e responsável pelo seu rebanho. Assim, cada um de vós é um pastor e cada um é responsável pelo seu rebanho"[52] . Agora serão apresentados os papéis de todos os indivíduos e instituições na sociedade:

Em primeiro lugar: O papel da família

A família é o primeiro tijolo na estrutura da sociedade; e desempenha um papel proeminente na boa educação da criança. É a primeira escola em que ela aprende as regras da ética e do bom comportamento. Al-Ghazali considerava o coração da criança como uma página branca que pode ser gravada e formada, e a família - representada pelos pais - cumpre esse papel. Ele diz: (O filho, especialmente na fase da infância, é uma confiança para os pais, e o seu coração puro é uma joia preciosa e ingénua, livre de qualquer inscrição e imagem. Se for ensinada e habituada ao bem, a criança será feliz no mundo atual e na outra vida; os seus pais e os seus professores partilharão com ela esta recompensa, e se for ensinada e habituada ao mal e for negligenciada como os animais, será miserável e mimado; e a culpa será dos seus pais ou de quem o educou[53] . O papel da família é representado na imunização dos seus filhos contra a ideologia terrorista, através de várias formas,

[52] (Narrado por al-Bukhari no seu Sahih, al-Ataq), Capítulo: "O escravo é um pastor na riqueza do seu senhor" (hadith n.º 2558) p. 511.
[53] (Revival of the Sciences of Religion: Muhammad ibn Muhammad al-Ghazali (primeira edição, Scientific Books Publishing House - Beirute 1373 AH) c 3 p. 72.

como se segue:

Primeiro método: Proporcionar um clima familiar adequado:

O papel da família não é apenas o de fornecer as necessidades materiais e de vida, mas também o de educar, orientar e guiar o indivíduo, habituando-o a boas competências comportamentais. A atmosfera de ternura e afeto tem um grande impacto na prevenção da delinquência futura da criança; por isso, esta deve ser alimentada com energias de ternura e paixão, porque estas têm um impacto na construção da sua psique e do seu carácter. São conhecidas as palavras do Profeta - a paz esteja com ele - a El Akraa bin Habis quando este viu o Profeta - a paz esteja com ele - a beijar El Hassan bin Ali - que Alá esteja satisfeito com eles - El Akraa disse "Eu tenho dez filhos e nunca beijei nenhum deles". o Profeta olhou para ele e disse: "Alá não será misericordioso para com aqueles que não são misericordiosos para com o povo."[54] .

A desintegração familiar contribui para causar problemas comportamentais, emocionais, sociais e de saúde. Um estudo realizado pelo Centro Nacional Egípcio de Investigação Social e Criminal na República Árabe do Egipto indicou que uma grande percentagem de delinquentes acusados de roubo são jovens, o que se deve à falta de cuidado da família[55] . Isto implica a importância do afeto e da ternura neste período da vida da criança em termos do seu crescimento equilibrado e saudável. Esta é uma das razões de proteção contra efeitos negativos e problemas psicológicos. [56]

Segundo método: Boa escolha de amigos

O companheirismo tem um impacto profundo na personalidade do indivíduo, porque a moral é transferida de uma personalidade para outra, e o Profeta Maomé - que a paz esteja com ele - clarificou o significado educativo da escolha dos amigos; indicou que um indivíduo afecta inevitavelmente o seu amigo, disse ele: "uma pessoa é suscetível de seguir os hábitos do seu amigo, por isso, tem consciência de quem tomas como amigo"[57] . Além disso, o Profeta Mohamed (que a

---

[54] Narrado por al-Bukhari no seu Sahih, Livro: (Literatura), capítulo: (misericórdia da criança e beijá-la e abraçá-la) Hadith número: 5997) p. 1232.

[55] Educação Islâmica para Crianças e Adolescentes: Muhammad Jamal al-Din Mahfouz (sem edição, Al-Nasr Publishing House - Cairo 1986) p. 80.

[56] O papel da família muçulmana na imunização dos seus filhos contra o terrorismo e o extremismo na perspetiva da educação islâmica: Khalid bin Saleh Mohammed Bajhazar (membro do corpo docente cooperante da Faculdade de Sharia - Universidade Umm Al-Qura - Meca, Imã e pregador da Mesquita de Sindi) p. 12. Educação Islâmica para a Criança e a Adolescência: Muhammad Jamal Al-Din Mahfouz (sem edição, Al-Nasr Publishing House - Cairo 1986) p. 80.

[57] Narrado por Ahmad ibn Hanbal em Musnadah (primeira edição, Islamic Office Publishing House -

paz esteja com ele) exortou a uma boa escolha do amigo. Comparou o bom e o mau companheiro, comparando-os com o almiscareiro e o soprador de forja, dizendo "Em verdade, a parábola de um bom amigo e de um mau amigo é apenas a de um vendedor de almíscar e de um soprador de forja. O vendedor de almíscar dar-te-á um perfume, tu comprarás ou notarás um bom cheiro. Quanto ao soprador de forja, queimar-te-á a roupa ou notarás um mau cheiro"[58] .

Uma vez que o amigo e o companheiro têm esta importância e este perigo, a família tem uma grande responsabilidade e um papel importante que é representado pelo exercício de uma espécie de orientação que permite ao filho fazer uma boa escolha. Verificou-se que mais de (80%) dos jovens colocados em centros de observação social no Reino da Arábia Saudita praticavam furtos com companheiros. Isto indica uma correlação positiva entre o desvio e a participação de outros, bem como uma correlação positiva entre os companheiros e o desvio. Os jovens devem ser observados quando estão com os seus companheiros, de modo a garantir que têm bons companheiros. Além disso, as suas leituras devem ser observadas para que tenham as leituras adequadas. As suas atitudes também devem ser observadas para que sejam correctas e sólidas. As atitudes erradas encontradas devem ser corrigidas através de conselhos e orientações, e consulta[59] .

Terceiro método: Acompanhar a criança

A educação é um processo contínuo que acompanha o crescimento. As crianças passam por diferentes fases da vida. A criança deve ser tratada de forma adequada à sua fase, desde as primeiras fases da vida e passando pelas outras fases até chegar à adolescência, que é uma das fases mais perigosas, devido às grandes mudanças físicas e psicológicas que ocorrem no indivíduo. Uma vez que a adolescência é assim tão perigosa, um estudo científico[60] confirmou a necessidade de os pais ajudarem os filhos a ultrapassar esta fase, mudando a política de consideração pelos filhos e ajudando-os a escolher os seus amigos num ambiente calmo, cheio de amizade e respeito. Este estudo adverte para o facto de não se tratar os jovens nesta fase com rudeza e rigidez; porque os métodos violentos corrompem mais do que reformam.

O acompanhamento do pai ao filho surge numa fase importante da sua vida. Tem valores

---

Damasco 1398 AH) c 2, p. 303.

[58] Narrado por al-Bukhaari no seu Sahih, livro: (vendas), secção: (no atar e venda de almíscar) Hadith número: 2101), p. 418.

[59] Recensão: O Papel da Educação Islâmica no Terrorismo, p. 13. The Care of Infidel Children in the Kingdom of Saudi Arabia [O Cuidado das Crianças Infiéis no Reino da Arábia Saudita]: Abdullah Al-Nasir Al-Sadhan (Primeira edição, Biblioteca Obeikan, Riade, 1417H), p.45.

[60] Da conferência de investigação para a construção da teoria educativa islâmica contemporânea: Shadia Ahmed Al-Tal (Amman-Jordânia 1991) p. 2. & 351.

educativos importantes, que se traduzem na eliminação dos obstáculos que podem impedir a compreensão entre eles. Abre o campo de consulta entre eles e revela as capacidades reais da criança[61] .

Em segundo lugar: O papel dos estabelecimentos de ensino

A educação é o meio eficaz da sociedade mudar a sua realidade e estabelecer as regras da ética e dos ideais, e o processo educativo é uma das instituições que tem um papel significativo e influente na purificação e imunização das ideias dos nossos filhos de qualquer pensamento destrutivo ou qualquer suspeita. O papel das instituições educativas na imunização dos seus filhos contra a ideologia terrorista é clarificado de várias formas, como se segue:

Primeiro método: Seleção de professores qualificados

O professor ocupa um lugar de destaque no sucesso do processo educativo dos alunos. Deve ser dada atenção à qualidade do professor que ensina e alimenta as mentes dos nossos filhos; pois o professor desempenha um papel efetivo na promoção dos valores, comportamentos e ética dos nossos filhos. Por isso, antes de selecionar o professor, este deve ser submetido a testes psicológicos, ideológicos e comportamentais que afirmem a adequação do professor para educar os jovens e incutir os valores correctos no seu pensamento e na sua mente; e evitar a memorização, a repetição e o enchimento inútil, e habituar o aluno a usar a sua mente na crítica, na análise, na dedução, na criatividade, na inovação e na expressão. Uma vez que a educação crítica conduz à formação de uma mente consciente que não aceita as coisas e os incidentes tal como lhe são contados, sem escrutínio, crítica e discussão; e não se apressa a acreditar neles à primeira vista, mas antes os examina com base na razão, para verificar a sua validade ou erro, e a sua compatibilidade com os objectivos da nossa Sharia tolerante. É de notar que a mente do professor é muito importante e que a sua preservação é considerada um dos maiores objectivos da Sharia islâmica; esta mente deve ser preservada e protegida até de si próprio, e uma das maiores manifestações de corrupção e dano a esta mente é o afastamento da crença islâmica[62] .

---

[61] O papel da família muçulmana na imunização dos seus filhos contra o terrorismo e o extremismo na perspetiva da educação islâmica, p. 12.

[62] Recensão: O papel da educação islâmica no terrorismo: Khalid bin Saleh bin Nahd al-Dhahiri (tese de doutoramento publicada, al-Alam al-Kuttab Publishing House -Riyadh 2002), pp. 63-64. Factores de extremismo, ignorância e terrorismo à luz do Alcorão e da Sunnah: Khalid AbdulRahman Al-Ake (sem edição,

Inculcar os valores do amor e da fidelidade à pátria e proteger os nossos filhos de aderirem a estes grupos extremistas é considerado um dos objectivos da sharia tolerante. Preserva o objetivo da religião contra o extremismo, a violência e a loucura, preservando a alma e a descendência da destruição, preservando também a mente de mitos e heresias destrutivos e poupando dinheiro de danos e perdas em nome das ideias destes grupos.

Quanto ao conhecimento das ideias desviantes e à imunização dos jovens contra elas, é necessário iluminá-los com essas ideias antes de chegarem a eles embelezadas e decoradas para que sejam afectados por elas. A solução não é impedir essas ideias, mas educar os jovens, para que, se as alcançarem, saibam como lidar com elas[63] .

Segundo método: Concentrar-se no conteúdo do currículo

O professor também desempenha um papel ativo na promoção dos valores, dos comportamentos e da ética dos nossos filhos, bem como dos programas curriculares. Os currículos actuais não abordam as causas do extremismo em todos os seus aspectos, sejam eles ideológicos, sociais, religiosos, etc. Especialmente o currículo da educação islâmica e da educação nacional, que deve concentrar-se na tolerância, na justiça, no respeito pela diversidade e pelas diferentes opiniões, no tratamento dos não muçulmanos que trabalham no nosso país e na rejeição do suicídio em actos terroristas de vingança, respeitando também a supremacia da lei, estabelecendo o conceito de cidadania, centrando-se nos valores da nossa crença tolerante e nos valores positivos, e centrando-se nas actividades culturais e desportivas que proíbem estes actos, e centrando-se na promoção de uma cultura de voluntariado para os jovens, com cooperação, amor, altruísmo, sentido dos outros, pertença, lealdade e devoção ao serviço dos outros e da sociedade[64] .

Terceiro método: Ativar o papel da escola ao serviço da comunidade

No passado, a escola era considerada uma instituição independente que não necessitava de

Al-Mottaki Publishing House Press, Damasco), pp. 51-53. The Causes of Terrorism, Violence and Extremism an Analytical Study [As causas do terrorismo, da violência e do extremismo: um estudo analítico]: Asmaa bint Abdul Aziz al-Hussein (sem edição, Women's College of Education, Riade), pp. 5-6.

[63] Desvio e extremismo ideológico, definição, causas, motivos, efeitos e dimensões, e formas de o eliminar: Ahmed Mubarak Salem, Centro de Informação sobre Segurança - Arábia Saudita, p. 5.

[64] O impacto da escola na ativação do papel dos estudantes do ensino secundário no combate ao terrorismo - estudo prático na perspetiva dos estudantes do ensino secundário na província de Anaiza - Fahad Sulaiman Al-Kartoon (edição Don, Universidade Árabe Nait de Ciências da Segurança - Departamento de Ciências Policiais - Arábia Saudita). p. 3.

contactar com o lar ou com a comunidade local, mas esta visão mudou muito, e a escola tem um papel fundamental no desenvolvimento da sociedade, porque as experiências que os alunos recebem nas escolas afectam significativamente todas as áreas da vida. Por exemplo, a educação afecta o aspeto económico, uma vez que as experiências que os alunos recebem nas escolas afectam grandemente o seu trabalho e a economia do país. Afecta também o aspeto político, uma vez que a escola desempenha um papel importante na formação das ideias e crenças políticas dos alunos, e assim por diante[65] .

Terceiro: O papel das instituições religiosas

Uma das principais razões por detrás do aparecimento do pensamento extremista é a não ativação do papel dos eruditos, pensadores e imãs. Hoje em dia, é impossível eliminar este pensamento sem ativar o papel dos eruditos, pensadores e imãs, a fim de educar a sociedade sobre o pensamento moderado e a importância de preservar os objectivos da Sharia. O papel das instituições religiosas na imunização das nossas crianças contra a ideologia terrorista está representado nos seguintes métodos:

Primeiro método: Estabelecimento de uma Casa para Opiniões Islâmicas e Investigação Islâmica em Questões Emergentes

A fim de imunizar os jovens contra a ideologia terrorista, é necessário criar uma casa de opiniões islâmicas e de investigação em questões emergentes, e nomear uma pessoa qualificada e um cientista com capacidade para criar e deduzir, e selecionar especialmente quando existe uma diferença, e acabar com a ambiguidade nas questões legítimas, e eliminar muitas dúvidas sobre algumas questões; e prevenir o extremismo e

exagero nas opiniões islâmicas. Deve acreditar-se que as ideias originais da religião são a tolerância, o amor, a moderação e a compaixão, de modo a obter benefícios para todas as categorias da sociedade. Além disso, o papel desta casa será o de divulgar questões contemporâneas e emergentes, sejam elas

[65] Recensão: Escola e Sociedade: John Dewey, Tradução: Dr. Ahmed Hassan Al-Rahim et al. (Primeira edição, Darmketa Al Hayat Publications, Beirute) p. 12. A importância da cooperação entre a escola e a comunidade na cidade de Riade, na Arábia Saudita, e os mecanismos mais importantes para o seu desenvolvimento: Dr. Fahd bin Sultan Al-Sultan (sem edição, King Saud University, Riyadh, 2008). pp. 3-4.

políticas, económicas, religiosas ou sociais, para iluminar todos os membros da sociedade nos seus diferentes assuntos de vida. Isto requer especialistas em jurisprudência, política, economia e assuntos familiares, desde que as suas ideias sejam moderadas e capazes de apresentar provas de novas questões, juntamente com outras condições que ele deve ter[66] .

Segundo método: Realização de seminários e conferências para combater a ideologia terrorista e corrigir alguns conceitos e terminologia religiosos

Deveriam ser organizados seminários e conferências para combater a ideologia terrorista e corrigir alguns equívocos religiosos na mente dos jovens sobre algumas questões jurisprudenciais, incluindo:

1 - (Jihad), com o seu conceito marcial no Islão, é apenas uma necessidade e uma situação excecional. Não é admissível, exceto por motivos legítimos, no âmbito das regras da Sharia islâmica, como por exemplo: se o governador declarar guerra, as pessoas devem obedecer-lhe, diz Alá no Alcorão Sagrado: (Ó fiéis, que se passa convosco quando vos é dito para partirdes pela causa de Alá, aderis fortemente à terra) "Al tawba, 38". A jihad acontece apenas para defender as cinco necessidades que a Sharia ordenou que fossem mantidas, e não apenas critérios. A jihad tem também muitos outros significados para além do combate, incluindo o esforço no trabalho, a aprendizagem de ciências úteis e das causas do progresso, e o esforço da alma na obediência e nas boas acções. Há uma enorme diferença entre a jihad, com as suas disposições, critérios e objectivos nobres, e aquilo que a ideologia terrorista incute na mente dos jovens, que é a violação e a intimidação dos civis, o roubo e o assalto às instituições e fundações do país.

2 - A importância de obedecer ao governador e de o enfatizar, tal como Alá diz no Alcorão Sagrado: (Ó fiéis, obedecei a Alá e obedecei ao Mensageiro e aos vossos superiores) "Al Nesaa, 59". O versículo afirma clara e inequivocamente que é obrigatório obedecer a Alá no que Ele ordenou e proibiu no Alcorão Sagrado e obedecer ao Profeta (que a paz esteja com ele) no que ele ordenou e proibiu na sua Sunnah. Depois, a obediência ao governador é obrigatória como resultado da

[66] Revisão: Estabelecimento de uma casa para a opinião consultiva para unir as fatwas para evitar a dispersão da sociedade: Dr. Rabia bin Sabah al-Kuwari (artigo publicado no sítio do Portal do Oriente, no domingo, 26-10-2014. Artigo intitulado: Sete condições devem estar disponíveis no Mufti: Daghi (sítio Web oficial do Dr. Ali Mohieddin Al-Qarra Al-Daghi).

obediência a Alá e ao Seu Mensageiro[67] . O Profeta Maomé (que a paz esteja com ele) disse: "Quem me obedecer, obedeceu a Alá e quem me desobedecer, desobedeceu a Alá. Quem obedecer ao príncipe, obedeceu-me e quem desobedecer ao príncipe, desobedeceu-me)[68] . Também é necessário obedecer-lhes e não se rebelar contra eles, ou seja, não se rebelar contra o imã que tem lealdade e não incitar a isso de forma alguma. A obediência ao governador é uma necessidade para manter a segurança, a estabilidade e a sobrevivência humana.

3 - (A moderação do Islão e a religião da misericórdia) de moderação do Islão e segui-lo como um modo de vida, e aplicá-lo em todas as áreas da vida deve ser indicado. a moderação do Islão combate o extremismo e a expiação e os desvios ideológicos, Alá diz no Alcorão Sagrado: (e assim fizemos de vós uma comunidade justa, para que sejais testemunhas sobre os povos e o Mensageiro seja testemunha sobre vós) "A Bakara, 143". Al-Nasafi explicou (moderado): "Tal como fizemos da vossa qiblah um lugar intermédio entre o Oriente e o Ocidente, fizemos de vós uma nação intermédia entre o exagero e o descuido."[69] . Por afirmar que o Islão é uma religião de misericórdia, tolerância e paz, e por prestar atenção aos versículos do Alcorão sobre a flexibilidade e a compaixão para com as nações muçulmanas e não muçulmanas, Alá diz no Alcorão Sagrado (Então, por misericórdia de Alá, ó Maomé, foste indulgente com eles. E se tivesses sido rude na fala e duro no coração, eles ter-te-iam anulado. Perdoa-os, pede-lhes perdão e consulta-os sobre o assunto. E quando decidiram, então confiem em Alá. Com efeito, Deus aprecia os que se encomendam a Ele" (Ala Emran, 159).

Em quarto lugar: O papel dos órgãos de comunicação social de todos os tipos e formas

Os meios de comunicação social desempenham um papel importante na vida das nações e dos povos. Uma das razões que conduziram ao aparecimento da ideologia extremista e à sua rápida

[67] Recensão: How to Understand Terrorism: Jamal Mohammed Khalifa Al Marri (Primeira edição, Dubai 2008) p. 173.

[68] Narrado por Muslim no seu Sahih, o livro: (Emirado), secção: (Obrigação de obedecer aos príncipes nas coisas permitidas, e proibição nas coisas proibidas) Hadith (4749) p. 788.

[69] Tafseer al-Nasafi: Abi al-Barakat, Abdullah bin Ahmed bin Mahmoud al-Nasafi (sem edição, Ahyaa Al-Kitab al-Arabiya Review: Escola e Sociedade: John Dewey, Tradução: Dr. Ahmed Hassan Al-Rahim et al. (Primeira edição, Darmketa Al Hayat Publications, Beirute) p. 12, Beirute). p. 1 & 79.

propagação foi o facto de não se ter ativado corretamente o papel dos meios de comunicação social em todos os seus tipos e formas. Infelizmente, a maioria dos meios de comunicação social continua a apresentar os pontos de vista dos apoiantes de grupos terroristas e dos seus actos subversivos em nome da objetividade e da liberdade de opinião. O papel das instituições mediáticas está representado na imunização das nossas crianças contra a ideologia terrorista, através de várias formas, como se segue:

Primeiro método: Cobertura limitada das notícias sobre actos terroristas

Os meios de comunicação social de todos os tipos e formas devem estudar e escrutinar todas as notícias antes de as publicarem e, em seguida, formular as notícias de modo a garantir que a verdade seja transmitida e que não afecte a psique dos cidadãos. Devem tratar o dossier do terrorismo com cuidado, para não realçar os seus acontecimentos e dar-lhes mais cobertura mediática do que a sua verdadeira dimensão. Devem também cobrir os actos terroristas dentro de limites estreitos, a fim de evitar que os terroristas atinjam o seu objetivo de obter a maior publicidade internacional possível para as suas operações. Deve admitir-se que os meios de comunicação social se tornaram um sistema de produção de informação sobre o terrorismo[70] .

Segundo método: Esclarecer todos os membros da sociedade sobre o perigo do terrorismo ideológico

Preparar programas bem estudados para lidar com o problema do terrorismo ideológico, para educar os membros da sociedade, especialmente as famílias que não trabalham e não podem chegar até eles, exceto através dos meios de comunicação social. Assim, a responsabilidade dos meios de comunicação social é declarar e divulgar o perigo destes grupos extremistas no pensamento e os seus graves danos para toda a sociedade, bem como as formas de os enfrentar.

[70] Declaração de Meca emitida pela Conferência Islâmica Mundial "O Islão e a luta contra o terrorismo", organizada pela Liga Mundial Muçulmana sob os auspícios do Guardião das Duas Mesquitas Sagradas, o Rei Salman Bin Abdul Aziz Al Saud - que Deus o proteja - (Meca, 3-6/5/1436H, aprovada em 22-25 de fevereiro de 2015).

Conclusão

Através da sua perspetiva objetiva, este estudo conseguiu apresentar uma visão holística para compreender a ideologia terrorista, a fim de imunizar os jovens contra ela. Ao basear-se numa abordagem científica analítica baseada na extrapolação e na extração de informações das suas fontes primárias, a investigadora conseguiu responder às questões básicas do seu estudo. Neste contexto, as principais conclusões do estudo podem ser destacadas da seguinte forma:

Primeiro: a ideologia terrorista opõe-se às cinco necessidades da Sharia islâmica, que devem ser preservadas.

Segundo: Há muitas razões para a ideologia terrorista e os seus motivos. Estes podem ser:

1- De natureza social, e estão representados em dois motivos principais: o acompanhamento de pessoas de pensamento corrupto e o impacto das suas ideias, e o vazio em todas as suas formas e tipos.

2- De carácter educativo, estão representados nos programas de ensino, nas disciplinas e nas formas de as ensinar.

3- De carácter religioso, estão representados em dois motivos: A ignorância dos objectivos da Sharia e a dependência dos jovens uns dos outros, sem referência a cientistas, levou-os a cair na armadilha do extremismo ideológico.

4- De natureza cultural e mediática, estão representados nos meios de comunicação social aéreos e nas redes sociais de todos os tipos e formas, que são considerados um dos riscos para a segurança ideológica.

5- De natureza económica, que trata da situação económica do indivíduo e da sua ligação à frustração e a sentimentos negativos, abandonando assim a filiação nacional e cometendo crimes terroristas.

Terceiro: Existem meios eficazes para imunizar os jovens contra a ideologia terrorista, nomeadamente:

1- A família: O seu papel consiste em proteger os filhos da ideologia terrorista, proporcionando-lhes um ambiente familiar adequado e uma boa escolha de companheiros e acompanhantes.

2- **Instituições de ensino:** O seu papel é imunizar os seus filhos contra a ideologia terrorista, através da seleção de professores qualificados e da concentração no conteúdo do currículo, e ativar o papel da escola ao serviço da sociedade.

3- **Instituições religiosas:** O seu papel consiste em imunizar as nossas crianças contra a ideologia terrorista, através da criação de um centro de opiniões islâmicas e de investigação sobre as questões emergentes, bem como da organização de seminários e conferências para combater a ideologia terrorista e corrigir alguns conceitos e termos religiosos.

4- **Instituições mediáticas:** O seu papel é imunizar as nossas crianças contra a ideologia terrorista, cobrindo as notícias de actos terroristas dentro de limites estreitos e educando todos os membros da sociedade sobre os perigos do terrorismo ideológico.

Recomendações

Foram formuladas várias recomendações que podem contribuir para proteger os jovens do terrorismo ideológico, em função dos resultados do estudo. As recomendações foram divididas de acordo com as instituições que as podem executar da seguinte forma:

Em primeiro lugar: Recomendações relacionadas com a família

- Seguir métodos de criação correctos, baseados no diálogo e no respeito mútuo.
- Não bater e não gozar com as crianças.

Em segundo lugar: Recomendações relacionadas com os estabelecimentos de ensino

- Inserir novos temas nos currículos escolares a nível local, regional e global, e desenvolvê-los continuamente para os adaptar aos desenvolvimentos recentes.
- Reconsiderar os programas de preparação e formação de professores, que conduzem à qualificação cultural e profissional; adequar os recentes desenvolvimentos no domínio da melhoria da qualidade do desempenho dos professores.
- Ligar as participações voluntárias dos alunos no serviço comunitário aos dados electrónicos, o que será considerado como horas de formação quando se envolverem no trabalho.
- Ativar o papel da parceria comunitária nas instituições de ensino.
- Aproveitar as escolas e universidades durante as férias e transformá-las em clubes de sensibilização para os jovens em cada zona residencial.

Terceiro: Recomendações relativas às instituições religiosas

- Criar um complexo de opiniões e investigação islâmicas para decidir sobre questões emergentes a nível do mundo árabe e corrigir alguns conceitos e terminologia religiosos.

- O interesse em realizar seminários, conferências religiosas e programas de televisão que indiquem o perigo do terrorismo ideológico.

- Difundir a cultura da verdadeira essência do Islão, ou seja, fazer da tolerância uma caraterística, da bondade uma abordagem, rejeitar o sectarismo intolerante e mostrar que a força do crente está na medida da força da ciência, do conhecimento e da economia.

Em quarto lugar: Recomendações relativas às instituições dos meios de comunicação social

- Adotar uma estratégia operacional clara para lidar profissionalmente com o terrorismo em todas as suas formas e tipos.

- Ativar todos os tipos de meios de comunicação social para esclarecer os jovens sobre o perigo do terrorismo ideológico.

Em quinto lugar: Recomendações relativas às instituições de segurança

- Deveria haver uma coordenação eletrónica de alto nível entre os serviços de segurança de todos os países para fazer face a todos os tipos e formas de terrorismo.

- Criar nova legislação para reduzir o papel negativo destas técnicas e orientá-las para impedir que os terroristas as utilizem.

- Os centros de investigação do Ministério do Interior devem cooperar entre si, a nível regional e global, para efetuar investigação no terreno, a fim de identificar as capacidade e tendências do problema do terrorismo ideológico, identificando também os factores e as razões da sua rápida propagação e as melhores formas de o enfrentar.

Louvado seja Deus, Senhor do Universo. Que Alá abençoe o Profeta Maomé, a sua família, os seus companheiros e quem o seguir até ao Dia do Juízo Final.

Fontes e referências

Livros árabes

1- -Ibn Abd al-Bar al-Qurtubi: "A Abrangência da afirmação da ciência e dos seus valores". investigação: Abu Ashbal Zuhairi (primeira edição, Ibn al-Jawzi Publishing House-Dammam 1994).

2- Abu Abdullah, Mohammed bin Ismail Bukhari: "Saheeh al-Bukhari". investigado e publicado por: Ahmed Zahwa, e Ahmed Enayah (nova edição, a Casa do Livro Árabe - Beirute 2010).

3- Ibn al-Qayyim al-Jawziyya, Muhammad ibn Abi Bakrban Ayub ibn Saad: "O famoso dos signatários do Senhor dos Mundos". por Issam Fares, libertando as conversas por: Hassan Abd al-Hanan (primeira edição, Al-Jail Publishing House - Beirute 1998).

4- Tirmizi, Mohammed bin Issa Al Salamy: "The Collector of customs of al-Tirmizi", editado e numerado por: Sidqi Jamil Attar (sem edição, Al-Fikr Publishing House -Beirute 2008).

5- Shatby, Mohammed bin Musa bin Ibrahim: "sit-in", investigação de: Salim bin Eid Hilali (primeira edição, Afan Publishing House - Arábia Saudita, 1992).

6- Mohammed Bin Mohammed: "survival of Sciences of the world" (Primeira edição, Scientific Books Publishing House Beirut 1373 AH). Al-Marri, Jamal Mohammed Khalifa: How to Understand Terrorism (Primeira edição, Dubai, 2008).

7- Bajazer, Khalid bin Saleh Mohammed: "O papel da família muçulmana na imunização dos seus filhos contra o terrorismo e o extremismo, na perspetiva da educação islâmica". (sem impressão, Universidade Umm Al-Qura - Meca).

8- Salem, Ahmed Mubarak: "Deviation and Ideological Extremism, its Definition, Causes, Motivation, Effects and Dimensions, and Ways to Eliminate it" [Desvio e extremismo ideológico, sua definição, causas, motivação, efeitos e dimensões e formas de o eliminar]. (sem edição, Centro de Informação sobre Segurança - Arábia Saudita).

9- Abu Fadl al-Askalani, Ahmad bin Ali bin Hejaz: "Fath al-Bari Sharh Saheeh al- Bukhari", numerado por: Muhammad Fuad Abdul-Baki, dirigido e corrigido por Mahbuddin al-Khatib, comentários: Beirute 1379 H).

10- Abu Ishak Al-Shatby, Ibrahim bin Mousi Al-Lakhmi Al-Garnati: "Approvals in the Origins of Sharia", editado por: Sheikh Ibrahim Ramadan, e uma entrevista sobre a edição que explicou: Sheikh Abdullah Daraz. Terceira edição, al-Maarifah Publishing House, Beirute, 1997).

11- Ahmed bin Hanbal: "Musnad Hadith" (primeira edição, Casa do Gabinete Islâmico - Damasco 1398 H).

12- Ibn Taymiyyah, Ahmad ibn Abd al-Halim ibn Abd al-Salam: "Requisito do caminho reto para diferir dos descrentes", comentários de: Dr. Nasser bin Abdul Karim Al-Aql (sem edição, Biblioteca Al-Rashed-Riyadh).

13- Ibn Khaldun, Abdulrahman bin Mohammed: "Introduction", relatório de: Darwish Juweidi (segunda edição, Biblioteca Moderna - Beirute 1996).

14- Al-Baghdadi, al-Khatib: "Saheeh al-Faqih e Al-Muftaqah", resumido e comentado por: Abu Abdulrahman, Adel bin Yusuf Al-Azzazi (primeira edição, Al- Watan Publishing House, 1997).

15- Al-Jarjani, Ali bin Mohammed: "Definições". Investigação por: Dr. Mohammed Abdulrahman Al-Marashli (Primeira edição, Al-Nafas Publishing House- Beirute 2003).

16- Al-Juwaini, Abu al-Ma'ali, Abdul Malik bin Abdullah: "origens nos fundamentos da jurisprudência", investigação por: Dr. Abdel-Azim Mahmoud Deeb (quarta edição, sem edição,

Editora Al-Wafa Mansoura - Egipto 1418 e).

17- El Hassan, Mohamed Ihsan: "The Impact of Cultural Invasion on the Behavior of Arab Youth" [O impacto da invasão cultural no comportamento da juventude árabe]. (Centro de Estudos e Investigação, Academia Árabe Naif de Ciências da Segurança, Riade, 1419H).

18- Hussein, Asma bint Abdul Aziz: "Causes of Terrorism, Violence and Extremism, an Analytical Study" [Causas do terrorismo, da violência e do extremismo, um estudo analítico]. (Women's College of Education, Riade). Rahim, Ahmed Hassan et al., "School and Society", traduzido por John Dewey (Primeira edição, Library House - Beirute).

19- Raysouni, Ahmad: "The Basic Necessities of Islamic Law" (Primeira edição, El Salaam Publishing House, Cairo, 2010) Al-Zahrani, Nasser bin Mesfer: "Harvest of Terrorism" (Colheita do Terrorismo). (sem edição, Abeikan Publishing House -Riyadh 2004).

20- Al-Sadhan, Abdullah Al-Nasser: "Cuidados com as crianças desviantes na Arábia Saudita". (Primeira edição, Biblioteca Abeikan, Riade, 1417H).

21- Sultan, Fahad Bin Sultan: "The reality of combination between the school and the local community in Riyadh, Saudi Arabia and the most important mechanisms for its development". (sem edição, King Saud University - Riyadh).

22- Al-Sayari, Rabaa Bint Nasser: "Internal Security in light of the Purposes of Sharia and Contemporary Issues". (Primeira edição, Universidade Árabe Naif de Ciências da Segurança, Riade, 2011).

23- Al-Dhahori, Khalid bin Saleh bin Nahd: "O papel da educação islâmica no terrorismo". (sem edição, Al-Alam al-Kuttab Publishing House - Riade 2002).

24- Akk, Khalid Abdul Rahman: "Factors of extremism and extremism and terrorism and treatment in the light of the Quran and Sunnah". (sem edição, Al-Mabqhi Publishing House Press -

Damasco).

25- Al-Fassi, Alal: "Objectivos da Sharia e suas vantagens". (5ª edição, Editora Al-Gharb al- Islami - Marrocos, 1993).

26- El karton, Fahd Soliman: "O impacto da escola na ativação do papel dos estudantes do ensino secundário na luta contra o terrorismo. Um estudo prático do ponto de vista dos estudantes do ensino secundário na província de Anayza". (Universidade Árabe Naif de Ciências da Segurança, Departamento de Ciências Policiais, Arábia Saudita).

27- Al-Luhaikh, Abdulrahman bin Al-Mualla: "O Problema do Exagero na Religião na Era Atual - Causas e Efeitos - Tratamento". (Segunda edição, Fundação Al- Resala, Beirute, 1420).

28- Al-Nasafi, Abi Al-Barakat, Abdullah bin Ahmed bin Mahmoud: "Interpretação de Al-Nasafi". (sem edição, a Casa dos livros árabes revivalista).

29- Al-Nisaburi, Abi Al-Husayn Muslim Bin Al-Hajjaj Al-Qusheiri: "Saheeh Muslim", realizado e publicado: Ahmad Zahwa, Ahmad Aynat (nova edição, al- Kitab al-Arabi Publishing House, Beirute 2008).

30- Yubi, Muhammad Saad bin Ahmed bin Masood: "The Purposes of Islamic Law and its Relation to the Evidence of Sharia" (Os objectivos da lei islâmica e a sua relação com as provas da Sharia). (Primeira edição, Al-Hijra Publishing and Distribution - Reino da Arábia Saudita, 1998).

31- Fatihi, Walid: "Mahayy 2". (Primeira edição, Biblioteca Nacional Rei Fahd, Jeddah, 1436).

32- Mahfouz, Mohamed Gamal El Din: "Educação Islâmica para a Criança e a Adolescência". (Edição Don, Dar Al-Nasr - Cairo 1986).

Periódicos, publicações e revistas

1- Meios de comunicação social que lidam com o fenómeno do extremismo e do terrorismo: Union of Arab States Broadcasting, Liga dos Estados Árabes (Série de Investigação e Estudos Radiofónicos, Tunísia, 7-8 de abril de 2015).

2- Conferência Islâmica Internacional intitulada "O Islão e a Luta contra o Terrorismo", organizada pela Liga Mundial Muçulmana sob o patrocínio do Guardião das Duas Mesquitas Sagradas, o Rei Salman Bin Abdul Aziz Al Saud, que Alá o preserve (Meca 22-25 / 2/2015).

3- Um artigo intitulado: "Criação de uma Casa da Fatwa para unir as opiniões e evitar a dispersão da sociedade" Rabia bin Sabah Al-Kuwari (publicado no sítio do East Gate, domingo, 26-10-2014).

4- "O Islão e o Terrorismo... The Problem of the Term" Dr. Jamal Abdel Nasser (Al- Oloqah Network, uma rede islâmica, ideológica e cultural, sob a supervisão do Dr. Khalid Al-Jeraisy, Dr. Saad Al-Hamid, 31 de março de 2009).

5- Artigo intitulado: "Repressão sexual e terrorismo" Nasser Al-Sarami (jornal Al-Jazeera de domingo, 23 de agosto de 2015).

6- Um seminário intitulado: "Valores islâmicos e currículos de educação islâmica" Dr. Khalid Al Samadi (Reino de Marrocos, 2005).

7- Simpósio sobre "A Globalização Cultural e o seu Impacto na Identidade", Khalid bin Abdullah Al-Qasim (realizado em 1/3/1425 H, Faculdade de Educação, Universidade Rei Saud, Riade, 1425H).

8- Conferência intitulada "Towards Establishing Contemporary Islamic Educational Theory", por Shadia Ahmed Al-Tal (Amã-Jordânia, 1991).

9- Controvérsia do ensino religioso, história - modelos - reforma (livro mensal editado pelo Centro de Estudos e Investigação, o livro (103) 2015).

10- Artigo intitulado: "Condições a preencher pelo Mufti" do Dr. Ali Mohieddin Al- Qara Al-Daghi (Sítio Web oficial: Dr. Ali Mohieddin Al-Qara Daghi).

MIX
Papier aus verantwortungsvollen Quellen
Paper from responsible sources
FSC® C105338

Printed by Books on Demand GmbH, Norderstedt / Germany